Ancona, George.
Mis abuelos=My grandparents

10/05

mis abuelos • my grandparents

Text and photographs by George Ancona

With Alma Flor Ada and F. Isabel Campoy
Language Consultants

Children's Press® A Division of Scholastic Inc.

New York • Toronto • London • Auckland • Sydney • Mexico City • New Delhi • Hong Kong • Danbury, Connecticut

To Julie Kline

Thanks to the people who helped me produce this book: to Sebastián and Helena, their parents, Adriana Guevara and Harry Van Oudenallen; and their grandparents, Leonelia Parra and Manuel Guillermo Guevara; and to Julie Kline of the Center for Latin American and Caribbean Studies at the University of Wisconsin Milwaukee for her encouragement and for introducing me to the Guevara family.

Gracias,
G.A.

Library of Congress Cataloging-in-Publication Data

Ancona, George.
  Mis abuelos = My grandparents / George Ancona.
        p. cm. — (Somos latinos)
  ISBN 0–516–25294–1 (lib. bdg.)   0–516–25495–2 (pbk.)
1. Colombian Americans—Wisconsin—Milwaukee—Social life and customs—Juvenile
literature. 2. Colombian Americans—Wisconsin—Milwaukee—Biography—Juvenile
literature. 3. Grandparents—Wisconsin—Milwaukee—Biography—Juvenile literature.
4. Immigrants—Wisconsin—Milwaukee—Biography—Juvenile literature. 5. Grandparent
and child—Wisconsin—Milwaukee—Juvenile literature. 6. Milwaukee (Wis.)—Biography—Juvenile
literature. I. Title: My grandparents. II. Title. III. Series.
  F589.M69C58 2005
  977.5'00468861073'092—dc22

                                                                                    2005000351

Contenido • Contents

Les presento a Sebastián. Su madre, Adriana, es de Colombia, América del Sur. Ella vino a los Estados Unidos para aprender inglés. Aquí conoció a Harry, que nació en Holanda y se crió en Argentina. Se quedó a vivir en Milwaukee para hacerse profesor de arquitectura, y allí conoció a Adriana. Se enamoraron y se casaron.

Después del nacimiento de Sebastián y de su hermana Helena, los abuelos de Colombia decidieron mudarse aquí también. Querían estar más cerca de sus nietos. Todos hablan español en casa. Como verán, los niños hacen muchas cosas con sus abuelos.

Meet Sebastian and his sister, Helena.
Their mother, Adriana, came to the United
States from Colombia in South America
to study English. Here she met Harry
who was born in Holland and grew up in
Argentina. He settled in Milwaukee to
become a professor of architecture. The
two met, fell in love and married.

After Sebastian and Helena were born,
their grandparents in Colombia decided
to move to the United States to be closer
to them. They all speak Spanish at home.
As you will see, the children do many
things with their grandparents.

Me llamo Sebastián, pero casi todos me llaman Seba. Mi abuelo y mi abuela viven en el primer piso de nuestra casa. Mis padres, mi hermana Helena, nuestro perro Carbón y yo vivimos en el segundo piso.

I am Sebastián, but most people call me Seba. My grandfather and grandmother live in our house on the first floor. I, my parents, my sister Helena, and our dog, Carbón, all live upstairs.

A mi abuelo y a mí nos encanta el fútbol. Él me ayuda a prepararme para el partido. El abuelo dice que en Colombia a la gente le encanta ver los partidos y jugar al fútbol. Algunas veces hace demasiado frío para él y me mira desde el interior del carro.

My grandpa and I love soccer. He helps me get ready for the game. Grandpa says in Colombia people love to watch and play soccer. Sometimes it is too cold for him so he watches from inside the car.

8

A mi abuelo y a mí nos gusta hacer cosas juntos. Sacamos a Carbón a pasear. Cuando vamos de compras al supermercado latino, mi abuelo me cuenta de dónde vienen las cosas.

Grandpa and I like to do things together. We take Carbón out for walks. We also go shopping in the Latino supermarket. Grandpa tells me where things come from.

Mi abuelo me está enseñando a jugar al ajedrez. Espero poder ganarle pronto. Estuvo en las fuerzas aéreas de Colombia y sabe mucho sobre el funcionamiento de las cosas. Me enseña a usar las herramientas para arreglar cosas.

Grandpa teaches me to play chess. I hope I can beat him soon. He used to be in the Colombian Air Force and knows a lot about how things work. He shows me how to use his tools to fix things.

Mi abuelo y yo leemos juntos. Yo le ayudo a pronunciar las palabras en inglés. Y luego él me enseña las palabras en español. La abuela y el abuelo están estudiando inglés y yo los ayudo con sus tareas.

Grandpa and I read together. I help him pronounce the English words. Then he explains the Spanish words. Grandma and Grandpa are both studying English, and I help them both with their homework.

Algunas veces el abuelo y la abuela sacan viejas fotos para enseñárnoslas. Los dos se ríen cuando vemos cómo eran de jóvenes.

Sometimes Grandpa and Grandma pull out old family pictures to show us. They both giggle when we see how they looked when they were young.

A Helena le gusta hacer teatro, ponerse disfraces y maquillaje. La abuela deja que Helena la maquille. Luego la abuela le da un abrazo grande a Helena.

Helena likes to act and put on costumes and make-up. Grandma lets Helena put make-up on her face. Then Grandma gives Helena a big hug.

La abuela hace unas empanadas colombianas deliciosas. Son pasteles rellenos de carne o verduras. A mí me gusta cocinar y ayudar en la cocina. La abuela está siempre enseñándonos a preparar diferentes comidas.

Grandma makes delicious Colombian *empanadas*. These are pastries stuffed with meat or vegetables. I like to cook and help in the kitchen. Grandma is always showing us how to make different foods.

Para mi cumpleaños, mi abuelo compra una piñata
que llenamos con caramelos. Después de cenar, todos
nos vamos al patio para romper la piñata con un palo.
Cuando se rompe recogemos tantos dulces como podemos.

For my birthday, Grandpa buys a piñata
that we fill with candy. After dinner, we all
go into the backyard and try to break it
with a stick to get the goodies inside.

Lo mejor de tener aquí al abuelo y a la abuela
es que puedo bajar en pijama a decir buenas noches.
Y entonces me dan un gran abrazo y un beso.

The best thing about having Grandma and Grandpa
live here is that I can go downstairs in my pajamas to
say goodnight. And then I get a big hug and a kiss.

La historia de abuelo y abuela

Leonelia Parra y Miguel Guevara tuvieron tres hijos en Colombia. Cuando se hicieron mayores, los tres salieron de Colombia. Uno se fue a Canadá. Adriana y su hermano Lucho se fueron a Milwaukee. Al casarse Adriana con Harry y nacer Sebastián y Helena, el abuelo y la abuela quisieron vivir más cerca de ellos. Cuando el señor Guevara se jubiló, él y la abuela decidieron mudarse a Milwaukee.

Grandpa and Grandma's Story

Leonelia Parra and Miguel Guevara had three children in Colombia. When they grew up, all three left Colombia. One went to Canada. Adriana and her brother Lucho went to Milwaukee. Once Adriana married Harry and then Sebastián and Helena were born, Grandpa and Grandma wanted to live closer to them. When Sr. Guevara retired, he and Grandma decided to move to Milwaukee.

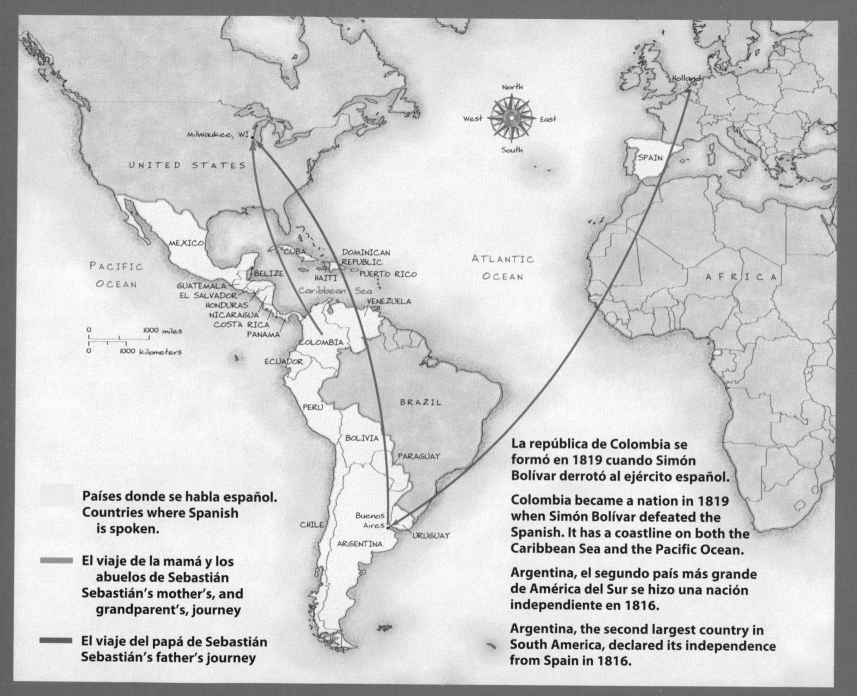

North
West · East
South

Milwaukee, WI

UNITED STATES

PACIFIC OCEAN

MEXICO

CUBA
DOMINICAN REPUBLIC
BELIZE
HAITI
PUERTO RICO
GUATEMALA
EL SALVADOR
Caribbean Sea
HONDURAS
NICARAGUA
VENEZUELA
COSTA RICA
PANAMA

COLOMBIA

ECUADOR

PERU

BRAZIL

BOLIVIA

PARAGUAY

CHILE

Buenos Aires

URUGUAY

ARGENTINA

ATLANTIC OCEAN

Holland

SPAIN

AFRICA

0   1000 miles
0   1000 kilometers

Países donde se habla español.
Countries where Spanish
is spoken.

El viaje de la mamá y los
abuelos de Sebastián
Sebastián's mother's, and
grandparent's, journey

El viaje del papá de Sebastián
Sebastián's father's journey

La república de Colombia se
formó en 1819 cuando Simón
Bolívar derrotó al ejército español.

Colombia became a nation in 1819
when Simón Bolívar defeated the
Spanish. It has a coastline on both the
Caribbean Sea and the Pacific Ocean.

Argentina, el segundo país más grande
de América del Sur se hizo una nación
independiente en 1816.

Argentina, the second largest country in
South America, declared its independence
from Spain in 1816.

27

Nuestros Abuelos

Los padres de nuestros padres son nuestros abuelos. Como han vivido más que todos nosotros tienen más experiencia y conocen muchas cosas. A este conocimiento se le llama sabiduría. Son los ancianos de nuestras comunidades y todos los respetan por cuanto han hecho.

Los abuelos han dado vida a nuestras madres y padres, y son las personas que pueden contarnos muchas cosas sobre quiénes somos y de dónde venimos.

Y lo mejor de todo es que nos ofrecen un cariño muy especial.

Our Grandparents

The parents of our parents are our grandparents. Since they have lived longer than all of us they have had more experiences and learned a lot. This knowledge can be called wisdom. They are the elders of our communities and are respected for all they have done.

Grandparents have given life to our mothers and fathers and are the people who can tell us much of whom we are and where we came from.

Best of all, we can look to them for a very special kind of love.

Palabras en español = Words in English

ajedrez = chess

caramelo = candy

carne = meat

carro = car

casa = house

dulces = pastries

foto = picture

fútbol = soccer

herramientas = tools

supermercado = supermarket

verduras = vegetables

Índice

Index

Sobre el autor

El abuelo George Ancona acaba de convertirse en bisabuelo. La mayor de sus tres nietas acaba de tener una niña. En Milwaukee, donde fue para trabajar en este libro, visitó una escuela y un niño de tercer grado le dijo: "Tú eres viejo, pero te comportas como un niño." Él toma esto como un piropo. Entre latinos, se le conoce como don Jorge.

About the Author

Grandpa George Ancona has just become a great-grandpa. The oldest of his three grand-daughters just had a baby girl. In Milwaukee, where he went to work on this book, he visited a school and was told by a third-grade student, "You're old, but you act like a kid." He takes this as a compliment. Among Latinos, he is now called don Jorge.

Sobre Alma Flor Ada y F. Isabel Campoy

Alma Flor Ada tiene nueve nietos. Isabel tiene un sobrino nieto llamado Pablo. Isabel ha organizado un campamento este verano en su ranchito de Twin Lakes y piensa llevarse allí a todos los niños, sin sus padres, por diez días. Cree que va a ser muy divertido. Alma Flor no está muy segura de que sobrevivirán a la experiencia.

About Alma Flor Ada and F. Isabel Campoy

Alma Flor Ada has nine grand-children. Isabel has a grandnephew named Pablo. Isabel has organized a camp this summer in her little ranch in Twin Lakes and she wants to take all the children, without their parents, for ten days. She thinks it is going to be great fun. Alma Flor is not too sure that they will survive it.